-1-   -2-   -3-   -4-   -5-

❋ www.lannoo.com/kindenjeugd ❋ © uitgeverij Lannoo nv, Tielt, 2005 ❋ © vormgeving, tekst en illustraties Pieter Gaudesaboos ❋ pigaud@telenet.be ❋
❋ D/2005/45/287 - ISBN 90 209 61705 - NUR 273, 274 ❋

'123 piano' is een groepsspel, waarbij één speler - de teller - met het gezicht naar de muur opgesteld staat, luid '123 piano' roept en zich daarna snel omdraait. De andere spelers staan een eindje verderop en proberen ongezien de muur te bereiken. Wie van hen daar als eerste in slaagt, wint het spel en wordt de nieuwe teller.

Dit boek is een co-productie met vzw tapis plein (www.tapisplein.be). De auteur ontving een stimuleringsbeurs van het Vlaams Fonds voor de Letteren. Met dank aan Leon Vanpachtenbeke (8mm film 12 maanden), familie Vanhaverbeke (8mm film Pret en Verzet), Jorijn, Ellen, Hanne, De Velinx, Sofie, D'entrepomme, Mieke, Anton, Gilles, Roger en Francine. Niets uit deze uitgave mag worden verveelvoudigd en/of openbaar gemaakt door middel van druk, fotokopie, microfilm of op welke wijze ook zonder voorafgaande schriftelijke toestemming van de uitgever. ❋

16.09.06

lieve petra

om u te bedanken
voor mijn verje
op mijn trouw.
het was perfect
-ik voelde me er
perfect in
hopelijk is dit boekje
inspirerend
liefs lotte

1·2·3 PIANO

—•- pieter gaudesaboos -•—

lannoo

JANUARI

WINTERPRET EN
CHOCOLADEMELK

1
DE VRIEZEMAN HEEFT
DE RUITEN BESCHILDERD
MET BLOEMEN.

2
DE WINTER IS
IN HET LAND.
ALLES IS WIT.

3
'UIT DE WEG, OPZIJ!'
DE KINDEREN KRAAIEN
VAN DE PRET.

4
WAT GA JIJ SNEL,
RIKKIE! SOMS LIJKT HET
WEL ALSOF JE VLIEGT!

5
HET IJS LIGT
STENEN DIK
OP DE VAART.

6
RIKKIE EN MIEKE BINDEN
HUN SPIKSPLINTERNIEUWE
SCHAATSEN ONDER.

7
SPIEGELGLAD LONKT
HET IJS. 'WEES
VOORZICHTIG, MOEKE!'

8
MIEKE HEEFT HET
NOG MAAR NET
GEZEGD OF HOP...

9
DAAR PLOFT MOEDER
LANGUIT NEER OP
HAAR BIPS.

10
DE KINDEREN ZWIEREN
OVER HET IJS, LICHT
ALS EEN VEERTJE.

11
IN EEN OMMEZIEN
ZIJN ZE AAN
DE OVERKANT.

12
ZUS DANST EEN
MOOIE PIROUETTE.
FORMIDABEL! BEELDIG!

13
'HALLO BUREN,
WAT EEN TOEVAL JULLIE
HIER TE TREFFEN!'

14
'WIE LUST EEN KOP
WARME CHOCOLADEMELK?
DAAR KIKKER JE VAN OP!'

1 januari

hallo papa, hallo mama, beste peter, liefste meter,
met mijn handjes open, kom ik aangelopen
een kusje hier, een kusje daar,
ik wens jullie een gelukkig nieuwjaar!

je kleine kapoen x

met een knopje om te spreken en te bewegen

verlanglijstje :

- een poesje
- drie kleine biggetjes
- schaaltje vol springballen
- een popje
- bus
- het huis van haan
- een eseltje om in de zomer mee op reis te gaan (helemaal alleen)
- een echte speelgoedkassa met echt speelgoedgeld
- vanavond ga ik naar de dansles dus zet alles maar voor de deur van mijn slaapkamer

AGENDA

MAANDAG

09u10 naar de kapper
12u40 hond uitlaten
19u30 repetitie toneel

DINSDAG

09u20 bezoek oma
11u50 op restaurant
19u50 dansles

WOENSDAG

08u50 groentemarkt
12u10 repetitie toneel
20u00 zwembad

DONDERDAG

08u20 joggen
14u00 naar de film
19u10 op restaurant

VRIJDAG

09u30 hond uitlaten
13u20 supermarkt
21u30 dansfeest

MIJN GOED VOORNEMEN (probeTen) VOOR DIT NIEUWE JAAR
ALTIJD EN OVERAL OP TIJD TE KOMEN

= mier op skivakantie =

parking hotel kabelbaan

op de skipiste skilift

bij de skileraar groepslunch

ZOMAAR EEN DAG · AFLEVERING 1
BIJ IS VERKOUDEN

snif snif snif snif snif snif
snif snif snif snif snif snif
snif snif snif snif snif snif
snif snif snif hatsjoe snif snif

IN DE VOLGENDE AFLEVERING: BIJ IS VERLIEFD

↑↑↑ DE GROTE DIEREN IMITATIE SHOW ↑↑↑
EERSTE RONDE: 10 KANDIDATEN · 1 OPGAVE

- hallo dames en heren, jongens en meisjes, fijn dat u bent afgestemd op -
★★★ DE GROTE DIEREN IMITATIE SHOW ★★★
een nieuwe week, dat betekent natuurlijk ook tien nieuwe kandidaten
ze staan te trappelen van ongeduld, dus laat ons meteen van start gaan
--- met de eerste opgave ---
IMITEER HET GELUID VAN EEN VOGELTJE

FEBRUARI

LANG ZAL ZE LEVEN
IN DE GLORIA

1
VANDAAG IS MIEKE
JARIG. ZE GEEFT
EEN PARTIJTJE.

2
GEFELICITEERD, MIEKE!
'WAAW, WAT EEN
PRACHTIGE CADEAUTJES!'

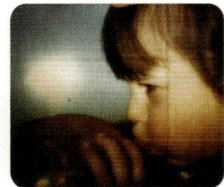

3
LET OP DAT JE DIE
BALLON NIET LAAT
KNAPPEN, KLEINE MEID!

4
'TOE, LAAT ONS ALLEN
EEN MOOIE TEKENING
MAKEN VOOR DE JARIGE!'

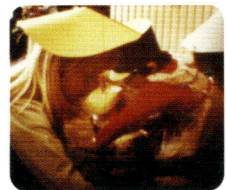

5
WAT EEN FEEST!
DE KINDEREN VERMAKEN
ZICH UITSTEKEND.

6
IN DE KEUKEN
IS MOEDER DRUK
IN DE WEER.

7
ZIJ TOVERT DE
ZOETSTE GEUREN UIT
HAAR WAFELIJZER.

8
ZIEZO, ALWEER EENTJE
KLAAR. WAT DOE JE
DAT SNEL, MOEDER!

9
'IEMAND ZIN IN EEN
VERSE WAFEL EN
EEN GLAS PRIK?'

10
VOORUIT, MIEKE,
ZIT JIJ MAAR AAN
HET HOOFD VAN DE TAFEL!

11
JE BENT IMMERS
JARIG VANDAAG!
HIEPERDEPIEP... HOERA!

12
WAT EEN LEKKERNIJ!
ZIE ZE GENIETEN,
DIE KLEINE RAKKERS.

13
WANT VAN EEN HELE
MIDDAG RAVOTTEN KRIJG
JE REUZEHONGER!

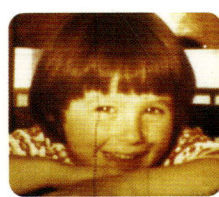

14
JARIG ZIJN IS FIJN.
IS DAT NIET
WAAR, MIEKE?

 banaan

 aardbei

 cola

 framboos

 kers

 druif

 munt

peer

appel

 sinaasappel

= PRET EN VERZET =

ODIG: BLINDDOEK, KRUIWAGEN, TUINMEUBELS (TAFEL, STOELEN, BANKJE...)

LINKS...
...VOORUIT
RECHTS...

5 cent   **10 cent**   **25 cent**

DIT SPEL VRAAGT HEEL WAT BEHENDIGHEID! EEN SPELER ZIT IN DE KRUIWAGEN EN PROBEERT ZIJN GEBLINDDOEKTE CHAUFFEUR ZO SNEL MOGELIJK DOORHEEN HET HINDERNISSENPARCOURS TE LOODSEN.

MAART

SAMEN NAAR
DE SPEELTUIN

1
MOEDER HELPT
MIEKE VAN DE
GLIJBAAN.

2
'NOG EEN KEER',
GILT RIKKIE. JONGENS,
WAT EEN PLEZIER!

3
MET TANTE MIE OP
DE WIP: MOEDER
HELPT EEN HANDJE!

4
'JOUW BEURT!'
DE KINDEREN RAVOTTEN
NAAR HARTELUST.

5
RIKKIE ZET DE
ACHTERVOLGING IN.
HOP, HOP!

6
'... WIEEEEEE...'
HE, IK HOOR WAT,
LUISTER MAAR!

7
'... WIEEEEEE ...'
DEZE REUZENGLIJBAAN
IS ECHT GEWELDIG.

8
MENSEN, WAT
EEN DRUKTE!
EVEN BEKOMEN.

9
KIJK MIJ NOU!
DE HELE WERELD
OP ZIJN KOP.

10
MIEKE PROBEERT
MOEDERS HAND AAN TE TIKKEN.
'VOORZICHTIG, MEID!'

11
RIKKIE EN MOEDER
SCHOMMELEN GEZWIND
DE HOOGTE IN.

12
OOK JIJ KOMT
AAN DE BEURT,
KLEINE ZUS!

13
NU IS HET TIJD OM
TERUG HUISWAARTS
TE KEREN.

14
'ALLES HEEFT EEN EIND.
BEHALVE EEN WORSTJE,
WANT DAT HEEFT ER TWEE!'

APRIL

MOEDER BAKT
RIKKIE EEN POETS

1
WAT EEN HAAST
KLEINE VRIEND!
WAAR GA JE HEEN?

2
ZONDER OMZIEN
FIETST RIKKIE
DE STRAAT OP.

3
'HALLO, LOPEN
JULLIE EEN EINDJE
MET ME MEE?'

4
'WAAR GA JE HEEN?'
VRAGEN GREGORY EN
LIESJE HIJGEND.

5
'NERGENS HEEN,
ZOMAAR EEN TOERTJE.'
IS DAT NIET AARDIG!

6
WAT EEN WEERTJE!
MEN HOORT DE BOMEN
PUFFEN EN ZUCHTEN.

7
DAAR VERSCHIJNT
MOEDER PLOTSKLAPS
IN DE DEUROPENING.

8
'KOM OGENBLIKKELIJK
NAAR HUIS RIKKIE,
JE BENT GESTRAFT!'

9
HOE KAN DAT NOU, DENKT
RIKKIE DROEF. IK HEB
TOCH NIETS MISDAAN?

10
BEDREMMELD
SPOEDT RIKKIE
ZICH HUISWAARTS.

11
WAT EEN DOMPER
OP EEN MOOIE DAG.
JAMMER, TOCH!

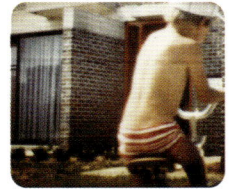

12
'HAHAHA', LACHT
MAMS, 'IK HEB JE EEN
POETS GEBAKKEN!'

13
'DEZE MOOIE STRANDBAL
IS VOOR JOU, RIKKIE!
VIND JE DAT NIET FIJN?'

14
'DIE MOEDER VAN MIJ
ZIT OOK NOOIT OM
EEN GRAPJE VERLEGEN!'

1 APRIL FOPPERTJESDAG

- knip aprilvissen uit een gekleurd stuk papier en hang ze op de rug van je ouders, je broer, je zus, je vrienden...
- zeg tegen je buurman dat de band van zijn auto lek is...
- leg een nat washandje in het bed van je zus...
- laat de wekkerradio van je broer om klokslag middernacht aflopen...
- stop een ijsblokje in de koffie van je vader...
- verstop je huisdier op je kamer en schrijf een brief naar je ouders waarin je losgeld vraagt (3 repen chocolade, een zak chips en ...)
- bedenk vandaag zelf nog meer duivelse plannen...

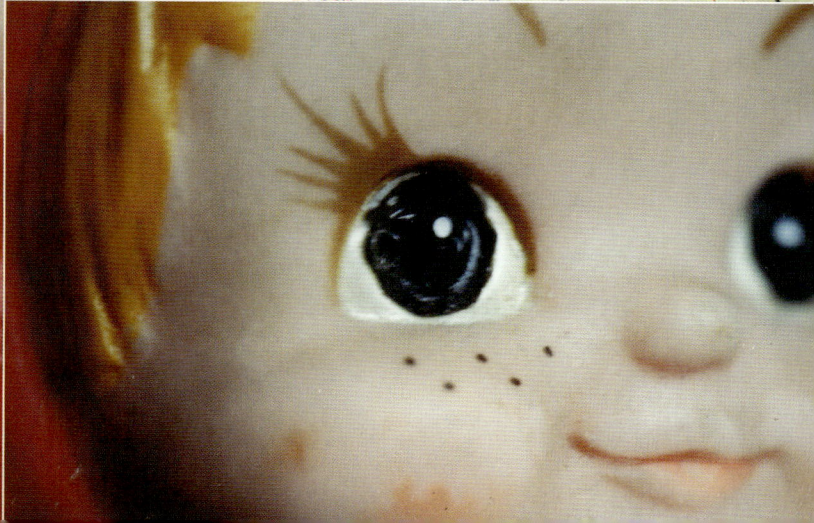

VIJFTIEN DINGEN
DIE IK ELKE MORGEN ZIE
— OP WEG VAN HUIS —
— NAAR SCHOOL —

❦ 1 ❦

Op het pad langs de voortuin liggen kleine stukjes scherf verdwaald in de aarde. Er staan bloemen en een herder op getekend in geel en blauw...

❦ 2 ❦

In de eerste steen van het voetpad staan twee woorden gedrukt. Ik glij er met mijn vingers over, maar kan ze niet ontcijferen...

❦ 3 ❦

Dit huisje is altijd op slot. Ik zwier mijn boekentas opzettelijk hard tegen de deur, en roep dan hard 'sorry'. Misschien heb ik net wel iemand wakker gemaakt...

❦ 8 ❦

Deze stenen rozen staan het hele jaar door in bloei. Ze zijn verweven tot een hekje dat een klein spaghettirestaurant van het voetpad afhoudt...

❦ 9 ❦

Als je even blijft staan, en je wacht tot de auto's stil zijn, dan hoor je door deze twee gaten in de grond het het golven van de zee. Ik sluit mijn ogen en loop over het water...

❦ 10 ❦

Dit balkon is het podium van een oude vrouw en haar kater. Soms zitten ze hier samen te ontbijten, of leest zij de krant terwijl hij over de reiling balanceert...

❦ 11 ❦

Bloemen voor het keukenraam. De geur van brood wringt zich door de kieren en doet mijn maag klagen. De bakker zwaait me een korstje toe...

❧ 8 ❧

Deze stenen rozen staan het hele jaar door in bloei. Ze vormen een hekje dat het kleine spaghettirestaurant van het voetpad afhoudt...

❧ 9 ❧

Als je even blijft staan, en je wacht tot de auto's stil zijn, dan hoor je door deze twee gaten in de grond het golven van de zee. Ik sluit mijn ogen en loop over water...

❧ 10 ❧

Dit balkon is het podium van een oude vrouw en haar kater. Soms zitten ze hier samen te ontbijten, of leest zij de krant terwijl hij over de rand balanceert...

❧ 11 ❧

Bloemen voor het keukenraam. De geur van brood dringt zich door de kieren en doet mijn maag klagen. De bakker zwaait me een korstje toe...

❧ 12 ❧
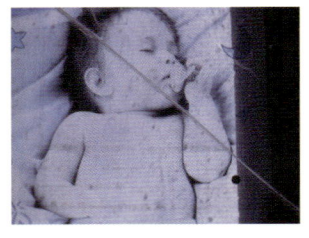
De foto achter de gebroken ruit van de kruidenierswinkel is afgebleekt door de zon. In het voorbijgaan kietel ik de baby snel even over zijn buik...

❧ 13 ❧

De luikjes in dit doek zorgen ervoor dat de stof niet opbolt als het waait. Het zijn kleine raampjes die uitkijken op een groentetuin en een plukje gras...

❧ 14 ❧

Twaalf gekleurde ballen in een netje aan de rand van de straat. Ik kies er eentje uit en dribbel er in gedachten mee tot aan de schoolpoort...

❧ 15 ❧
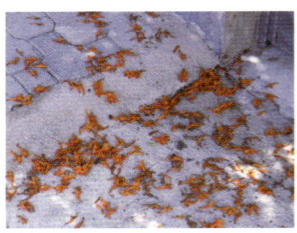
Boven de schoolpoort hangen takken als armen verstrengeld in elkaar. Als die armen zwaaien, kleuren de stenen felrood met blaadjes en twijgjes.

GOOI DE DOBBELSTEEN EN ONTDEK IN WELK HUIS JE LATER ZULT WONEN

⚀ BOVENAAN IN DEZE FLAT

⚁ IN DEZE SNOEPWINKEL

⚂ IN DIT MIDDELEEUWSE KASTEEL

⚃ IN DIT HERENHUIS

⚄ IN DEZE HUTTEN

⚅ IN DIT ZWEMBAD

MEI

SCHOOLFEEST,
EEN PLEZIERIGE DAG!

1
HOERA, ONZE
SCHOOL VIERT
FEEST VANDAAG!

2
HET IS NOG KOUD,
MAAR DE ZOMER ZIT
AL IN DE LUCHT.

3
RUDI SCHUIFT
AAN BIJ HET
BALLENKRAAM.

4
'KLINGELINGELING!'
BRAVO, JE WINT
EEN LEKKERE APPEL.

5
MOOI IS DAT, VERA!
HEUS, ZO OP DIE STELTEN
LIJK JE WEL EEN ACROBAAT!

6
EN ZIE ONZE BUURJONGEN
GREGORY! JONGENS, WAT
EEN ERNSTIG GEZICHT!

7
IMMERS, VANDAAG
NEEMT HIJ HET OP
TEGEN LIEVEKE.

8
RIKKIE EN DE ANDEREN
MOEDIGEN HUN MAKKER AAN:
'VOORUIT, GREG!'

9
'VRIENDEN, KOM SNEL
HIERHEEN! DE FIETSEN-
PARADE VANGT AAN!'

10
GWENNY IS EERST
AAN DE BEURT.
DAAR GA JE, MEID!

11
KLEURIGE LINTJES EN
BALONNEN SIEREN
KLARA'S TWEEWIELER.

12
DEZE KNAAP HOUDT
DUIDELIJK ERG VAN ROOD.
WAT EEN GRAPPIG GEZICHT!

13
OOK PATRICK
STAK ZIJN FIETS IN
EEN NIEUW JASJE.

14
FRANCIS, DE EERSTE
PRIJS KOMT JOU TOE!
PROFICIAT, KEREL!

JUNI

WATERPRET IN VADERS TUIN

1
VANDAAG WERPT
DE ZON HAAR WARMSTE
STRALEN NAAR BENEDEN.

2
ALLES STAAT IN BLOEI,
ONZE TUIN IS EEN
GROOT BLOEMENFEEST!

3
'WEES MAAR NIET BANG,
NEEFJE!' RIKKIE TILT
STIJNTJE VOORZICHTIG OP.

4
JONGENS, WAT EEN PRET!
IEDEREEN LIJKT WEL
GOEDGEMUTST VANDAAG!

5
'HMMM…' SNUIFT MIEKE.
DE LUCHT GEURT
NAAR BLOESEMS.

6
'HOOG TIJD OM
WAT SCHADUW
OP TE ZOEKEN!'

7
WAT VREEMD, DENKT
STIJNTJE. DIE REGENWOLK
LIJKT MIJ WEL TE VOLGEN…

8
DE KLEINE WATERRAT
VERSTAAT ER
WERKELIJK NIETS VAN!

9
'EEN TEGEN ALLEN…'
DE KINDEREN HOLLEN
MOEDER ACHTERNA.

10
ACHTER DE SCHOMMEL
KUN JE JE MOEILIJK
VERSCHANSEN!

11
'SPET, PLONS, SPAT!'
MOEDER KRIJGT
DE VOLLE LADING.

12
NU IS GREGORY
AAN DE BEURT!
'BRRRR…'

13
'IK BEN DE WATERPRINS
EN JULLIE ZIJN MIJN
SLAVEN', SCHERTST HIJ.

14
VANOP DE SCHOMMEL
KIJKEN MOEDER EN STIJNTJE
GEAMUSEERD TOE.

—· schommelpaard ·—

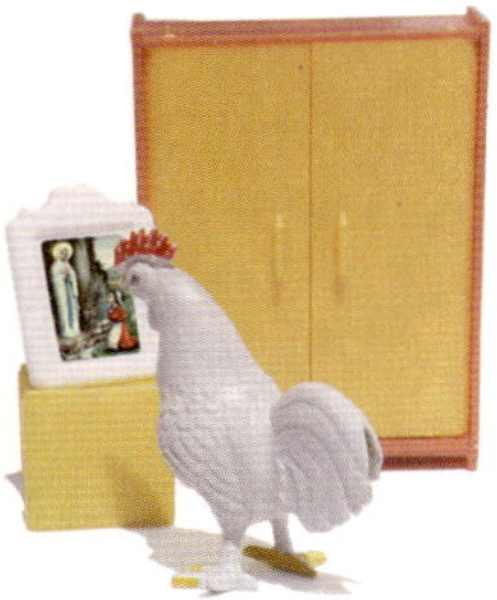

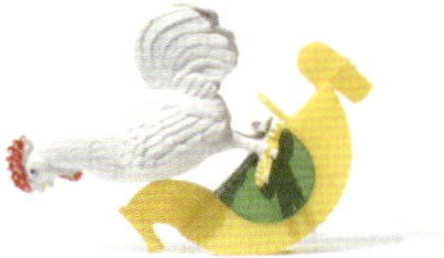

—· kleerkast ·—

—· woonkamer ·—

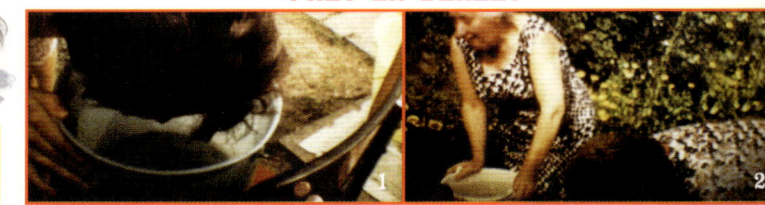

= PRET EN VERZET =

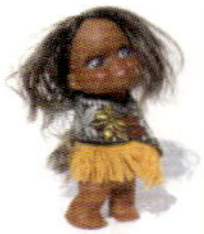

◀ NODIG: EMMERS GEVULD MET WATER, STOELEN, LEGE FLESJES (BIER OF FRISDRANK)

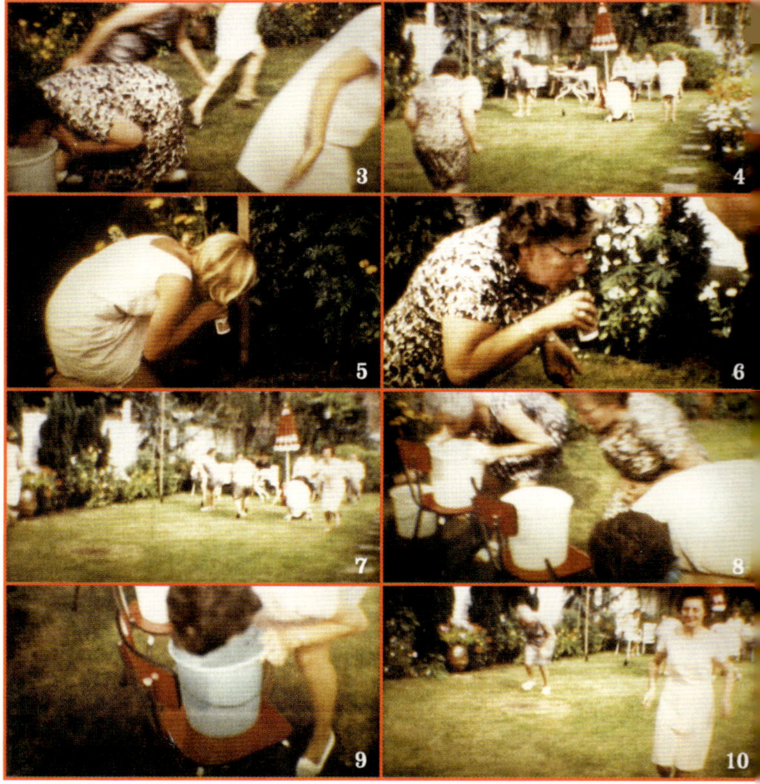

DE SPELERS NEMEN EEN SLOK WATER UIT DE EMMER EN LOPEN ER MEE NAAR HUN FLESJE AAN DE ANDERE KANT VAN DE TUIN. WIE HET FLESJE ALS EERSTE HELEMAAL VOL KRIJGT, WINT DIT SPEL.

= PRET EN VERZET =

NODIG: GROTE AARDAPPEL- OF VUILNISZAKKEN • NOG LEUKER MET GROTE GROEP!

= PRET EN VERZET =

NODIG: JE FAMILIE, EEN GROOT BLAD PAPIER, EEN VILTSTIFT EN EEN FOTOTOESTEL

= PRET EN VERZET =

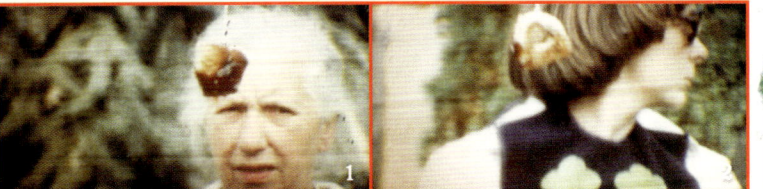

NODIG: LANG STUK KOORD, STUKJES APPEL BESMEERD MET STROOP OF CHOCO

ALLE STUKJES APPEL HANGEN AAN EEN KOORDJE OP OOGHOOGTE. DE SPELER DIE ZIJN APPEL ALS EERSTE HELEMAAL OP KRIJGT ZONDER DAARBIJ DE HANDEN TE GEBRUIKEN, WINT DIT SPEL!

LET OP VOOR VLEKKEN!

HET HUIS VAN HAAN DEEL 2 1e VERDIEPING

— eetkamer —

— badkamer —

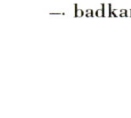

— douche —

— droogkap —

— wastafel —

ZOMAAR EEN DAG - AFLEVERING 2
BIJ IS VERLIEFD

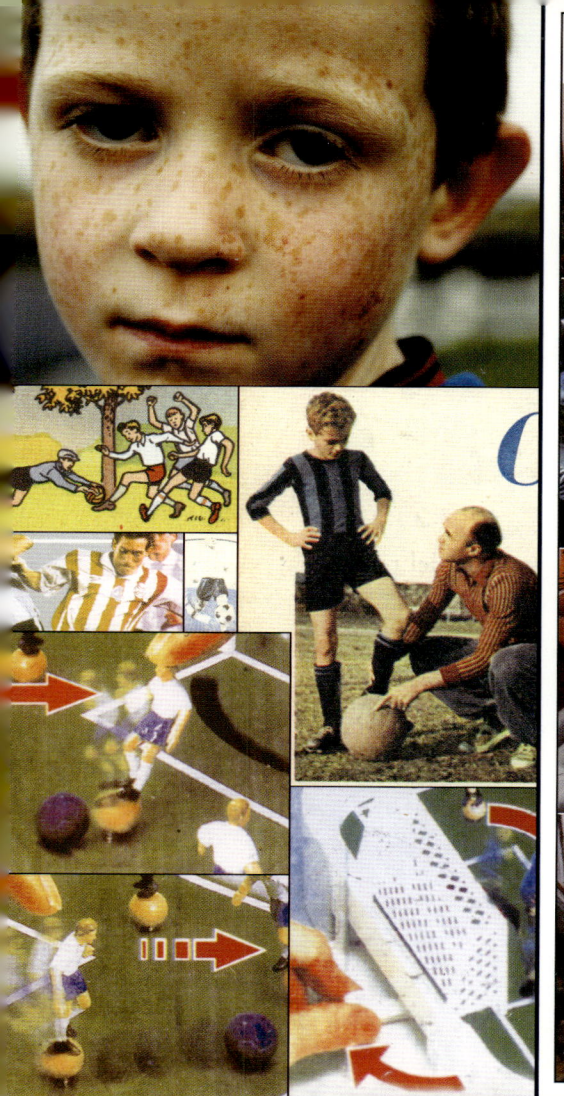

hallo

ha...

lekker warm hè, hier aan het raam

ja, zeg dat wel...

nou, dan ga ik maar weer

ok...

zucht...

IN DE VOLGENDE AFLEVERING: BIJ IS NOG STEEDS VERLIEFD

DE GROTE DIEREN IMITATIE SHOW
TWEEDE RONDE: 5 KANDIDATEN · 1 OPGAVE

★★★ IN DE VORIGE AFLEVERING ★★★

- hallo dames en heren, jongens en meisjes, fijn dat u weer bent afgestemd op

★★★ DE GROTE DIEREN IMITATIE SHOW ★★★

de vijf winnende kandidaten nemen het
in deze tweede ronde nog eens tegen elkaar op
--- met een nieuwe opgave ---

IMITEER HET GELUID VAN EEN HONDJE

JULI

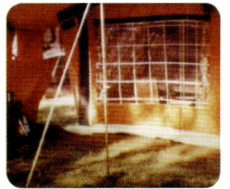

DE WATERPUT
(OP REIS DEEL 1)

1
HET GEZIN VERBEEK TREFT DE VOORBEREIDINGEN VOOR HET ONTBIJT.

2
VADER SNIJDT EEN STOKBROOD IN RONDE SCHIJFJES.

3
'KRIJG IK NOG WAT CHOCOLADEMELK AUB?' MMM, LEKKER ZEG!

4
'SMAKELIJK, VADER! DIT BROOD IS WERKELIJK OVERHEERLIJK.'

5
'EN OOK HET BELEG SMAAKT ME UITSTEKEND. ZIE ONS HIER SMULLEN!'

6
'HE, WAT VERVELEND NOU. WIE VERGAT GISTEREN DE WATERKAN BIJ TE VULLEN?'

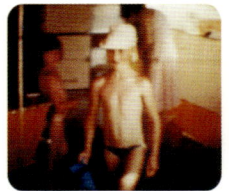

7
'LAAT MIJ MAAR MOEKE', ZEGT RIKKIE. FLINK ZO!

8
WAT IS HET RUSTIG OP DE CAMPING. IEDEREEN SLAAPT NOG.

9
TUSSEN WITTE SCHAPENWOLKJES DANST EEN KOELE BRIES.

10
'GOEDEMORGEN RIKKIE, WAT BEN JIJ VROEG IN DE WEER VANDAAG!'

11
'HALLO WESLEY, ZIE IK JE STRAKS AAN DE POEL?'

12
HIER IN DE PUT IS HET WATER LEKKER FRIS.

13
POMPEN MAAR! WAT BEN JIJ EEN FLINKE KEREL.

14
ZIEZO, KANNETJE TOT DE RAND GEVULD. 'JOUW BEURT, TONI.'

AUGUSTUS

FLUFFIE OVERBOORD
(OP REIS DEEL 2)

1
DE ZON SCHITTERT,
ZE LIJKT WEL EEN
BOL VAN GOUD.

2
HET GEZIN VERBEEK
VERMAAKT ZICH
AAN DE POEL.

3
'HE, WAT DOE JE NOU?
STRAKS VALT FLUFFIE
IN HET WATER!'

4
HET BEESTJE ZIT
AL TOT ZIJN
SCHOUDERS ONDER.

5
'NIET LOSLATEN!'
MAAR DE HOND KIEST
HET RUIME SOP...

6
DE STILTE HANGT
TUSSEN DE BOMEN.
'VOLHOUDEN FLUFFIE!'

7
ZIE HEM ZWEMMEN! HET
WATER SPETTERT WERKELIJK
ALLE KANTEN UIT.

8
JONGENS, WAT EEN
DAPPERE HOND! IEDEREEN
KIJKT GESPANNEN TOE.

9
'NOG MAAR EVEN!'
UITGEPUT BEREIKT
ONZE HELD DE OEVER.

10
EEN PUIKE PRESTATIE!
VIND JE DAT NIET
WONDERBAARLIJK?

11
LUID BLAFFEND
SCHUDT DE HOND
ZICH DROOG.

12
ENKELE STRANDGANGERS
SCHATEREN OM DE GEKKE
KUREN VAN FLUFFIE.

13
BRAVO FLUFFIE!
JIJ VERDIENT VANDAAG
EEN FLINKE KLUIF.

14
DE ARME HOND
IS DOODOP.
WAT EEN DAG!

= PRET EN VERZET =

1
2

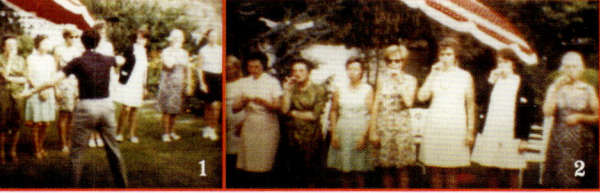

ODIG: EEN LEPEL EN EEN KNIKKER • ERG PLEZANT TIJDENS FAMILIEFEESTEN!

3
4
5
6
7
8
9
10

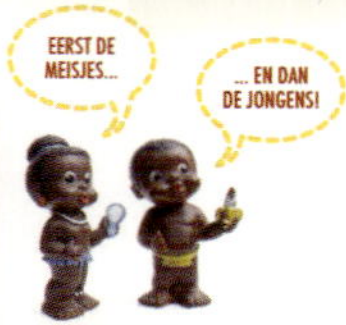

EERST DE MEISJES...
... EN DAN DE JONGENS!

ALLE SPELERS STAAN ZIJ AAN ZIJ OPGESTELD MET DE SOEPLEPEL IN HUN MOND. WIE VAN HEN ER ALS EERSTE IN SLAAGT DE KNIKKER ZONDER VALLEN NAAR DE OVERKANT TE BRENGEN, WINT DIT SPEL!

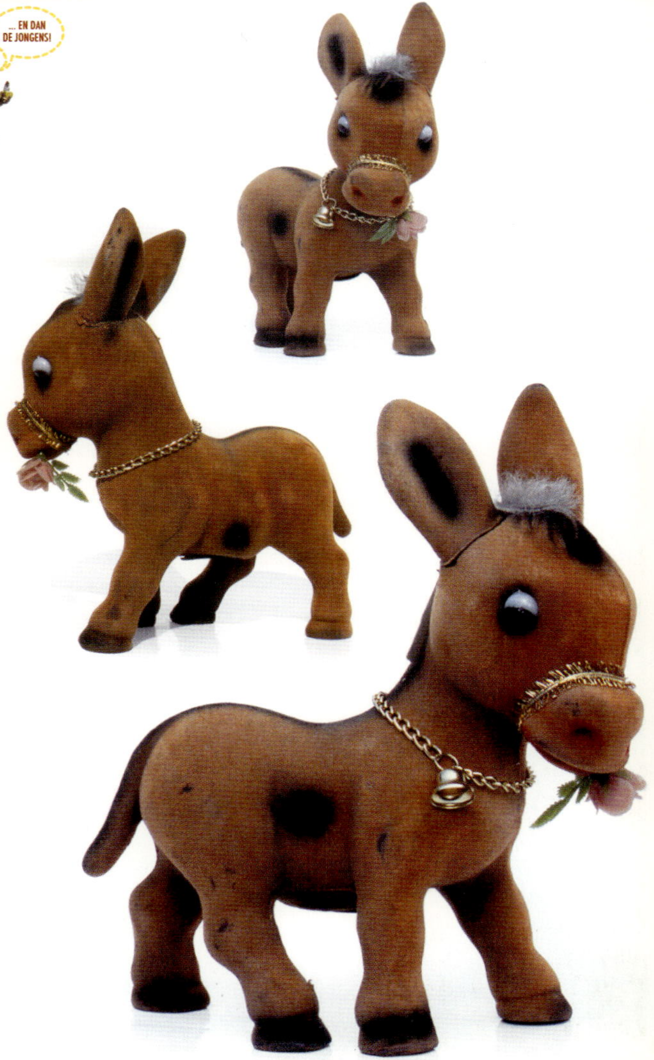

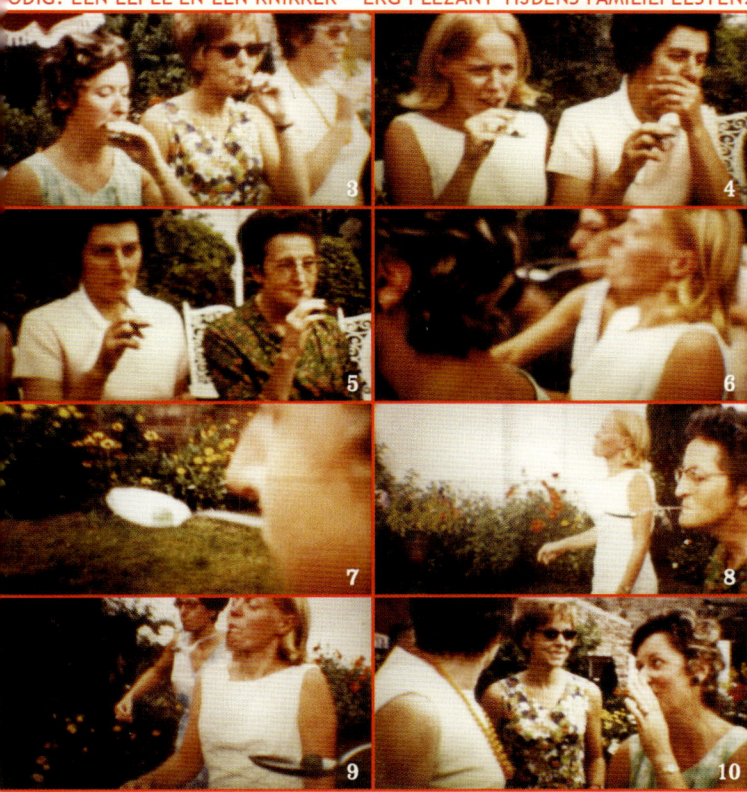

= PRET EN VERZET =

NODIG: LANG STUK KOORD, ZAKJE GEVULD MET WATER, BLINDDOEK, POLLEPEL

MINSTENS 2 SPELERS!

DOE DE SPELERS EEN VOOR EEN DE BLINDDOEK OM EN LEID ZE TOT NET VOOR DE DRAAD. WIE ER HET SNELST IN SLAAGT MET DE POLLEPEL HET WATERZAKJE STUK TE SLAAN, WINT DIT SPEL. IDEAAL IN DE ZOMER!

SEPTEMBER

KERMIS IN
HET DORP

1
HET MARKTPLEIN
IS EEN ZEE VAN
LICHT EN KLEUR.

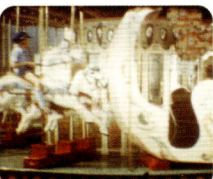

2
PAARDEN
DANSEN GEZWIND
OP EN NEER.

3
'DEZE ATTRACTIE IS NOG
NIET OPEN. KOM STRAKS
EENS TERUG, KINDEREN!'

4
SAMEN OP DE
BOTSAUTO'S:
WAT EEN HERRIE!

5
DE VLIEGMOLEN...
MAAR DURF JIJ DAT
WEL, RIKKIE?

6
DE KERMISVROUW
SCHEURT DE TICKETJES.
'PRETTIGE REIS!'

7
'OEF, OEF',
ZUCHT RIKKIE, 'DÁT DOET
RAAR IN MIJN BUIK!'

8
'WEES MAAR NIET BANG,
BROERTJE. DAT KRIEBELEND
GEVOEL WENT WEL!'

9
WAT GAAT DAT HARD!
DE KINDEREN HEBBEN
ERG VEEL PLEZIER.

10
JOEPIE, EINDELIJK OPEN!
LATEN WE SAMEN
EEN RITJE MAKEN.

11
'HALLO MIEKE, WAT
VIND JE VAN ONZE
NIEUWE RACEWAGEN?'

12
HE, WAT JAMMER NOU,
DENKT RIKKIE SIP,
MIJN GELD IS BIJNA OP.

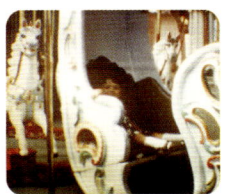

13
KOEKOEK, MIEKE!
WIL JIJ NOG EENS
OP DE PAARDENMOLEN?

14
'DAN GAAN WIJ NOG
EEN LAATSTE KEER
OP DE VLIEGMOLEN!'

pieter gaudesaboos

NEGEN SCHIJFJES BANAAN

OP ★ ZOEK ★ NAAR ★ EEN PLEKJE ONDER DE ZON

— 1 — 2 — 3 — 4 — 5 — 6 — 7 — 8 — 9 —

Nu de eerste bladeren van de bomen vallen, lijkt de zomer helemaal voorbij. Negen schijfjes banaan nemen het vliegtuig en gaan op zoek naar de zon. Een verrassend kortverhaal in tien foto's!

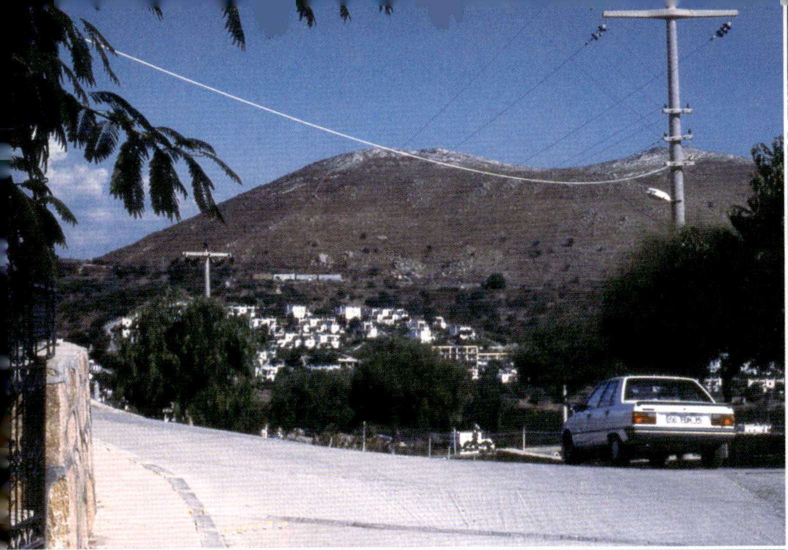
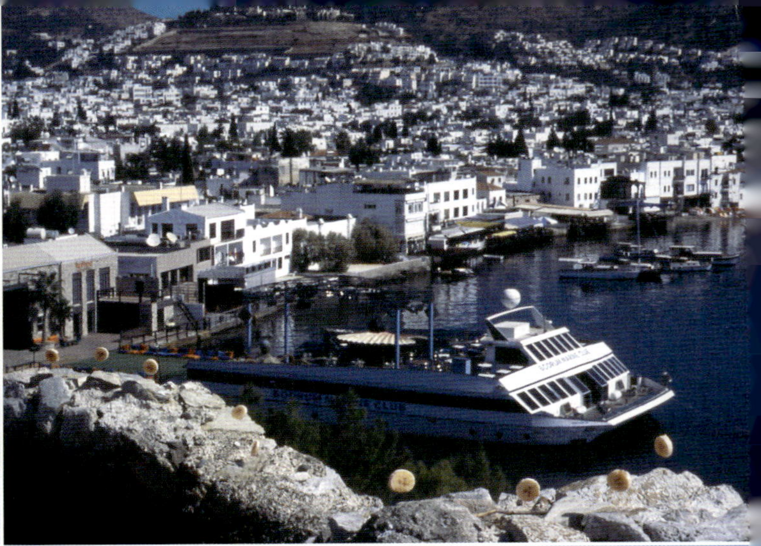
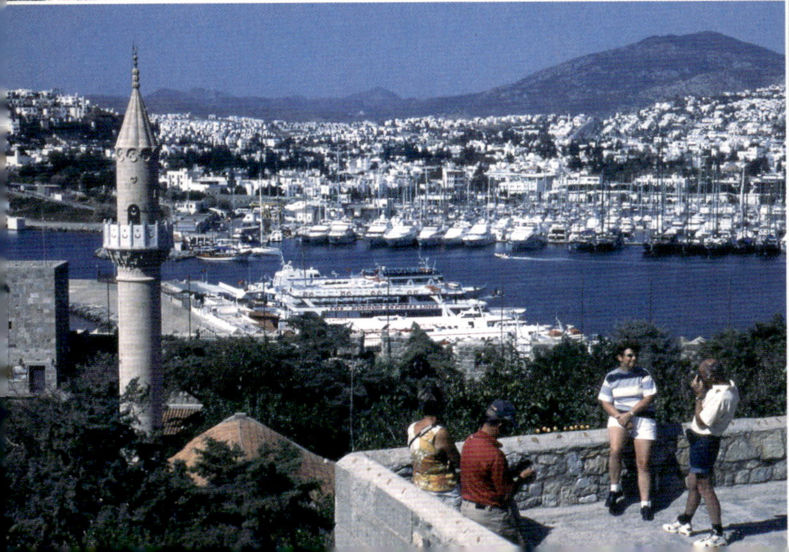
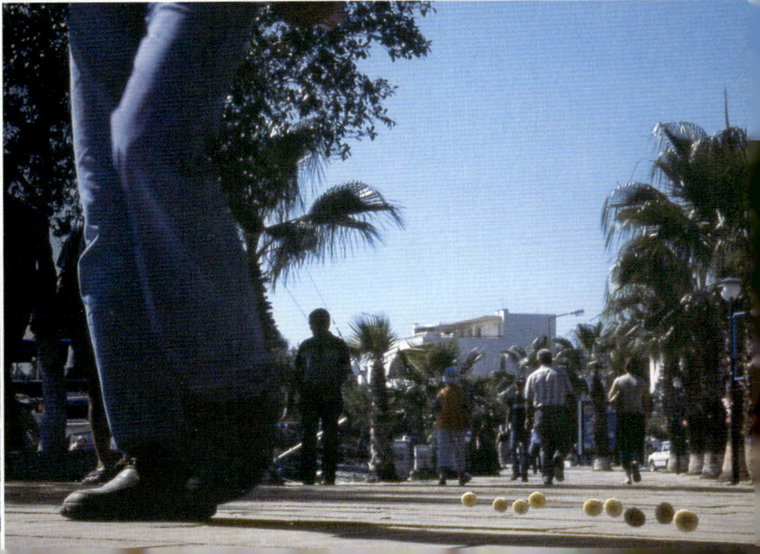

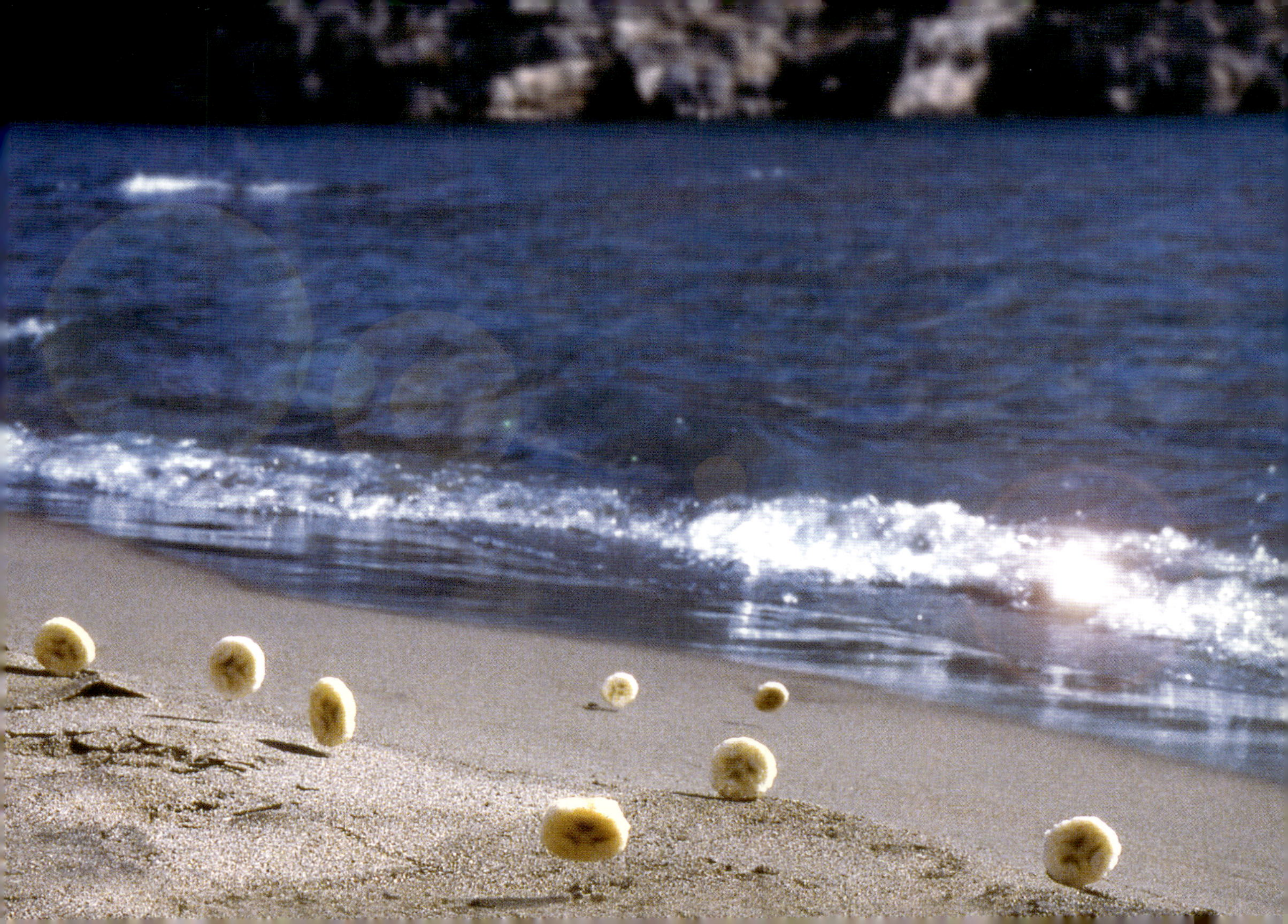

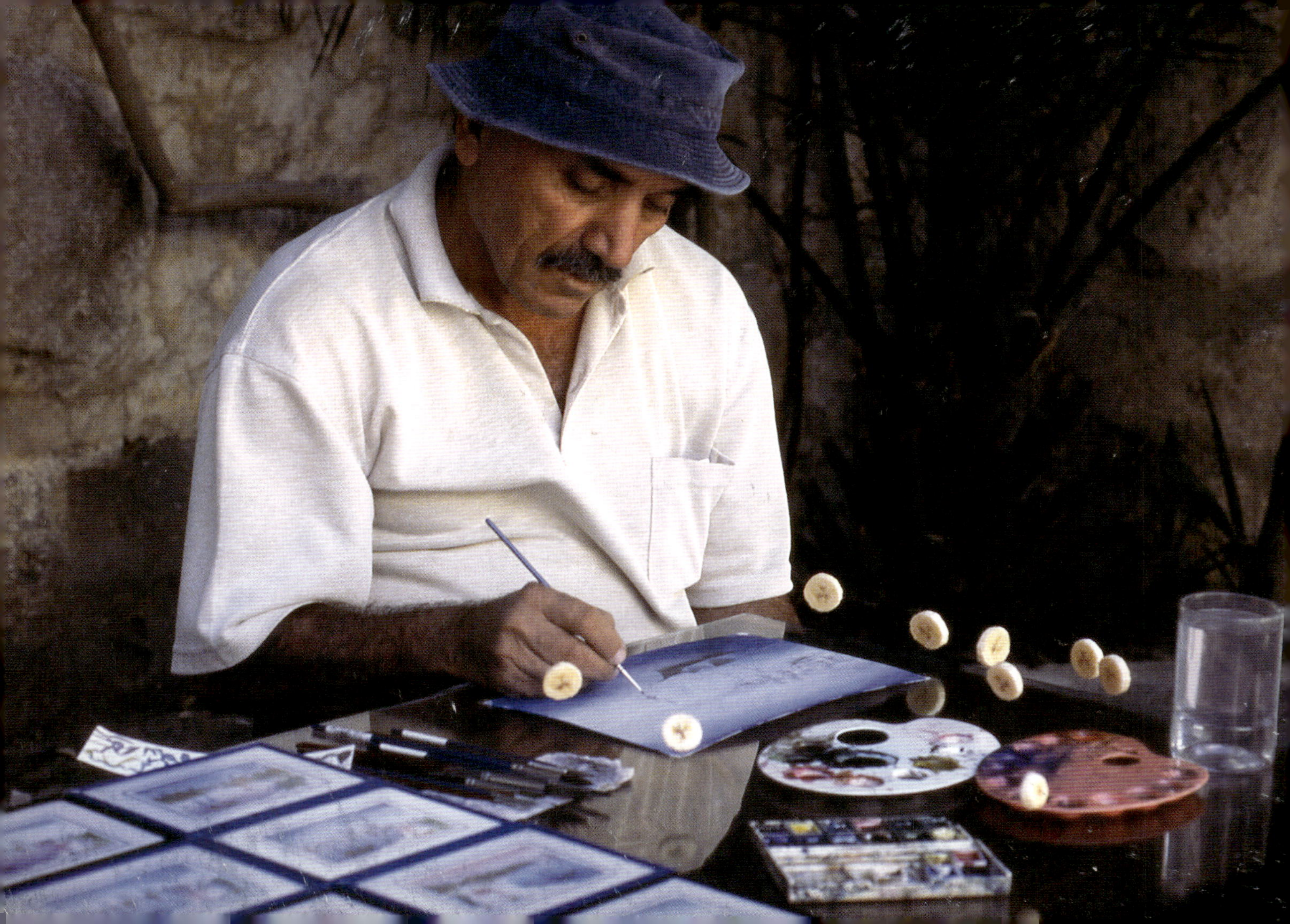

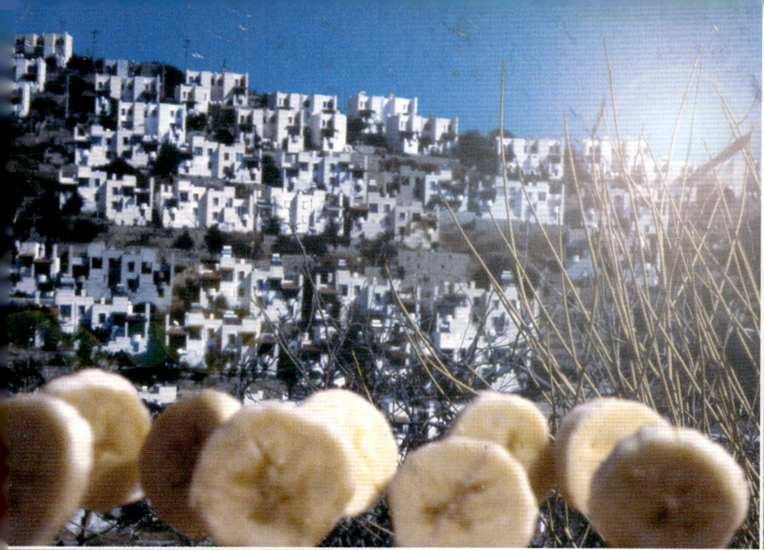

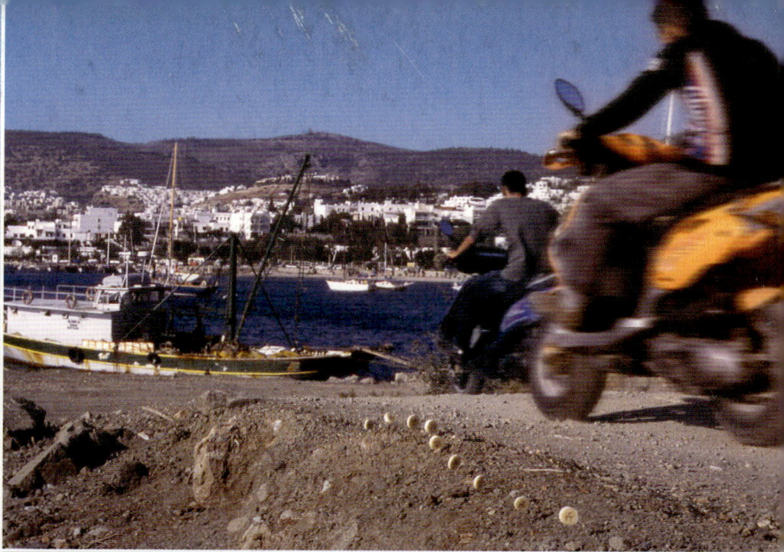

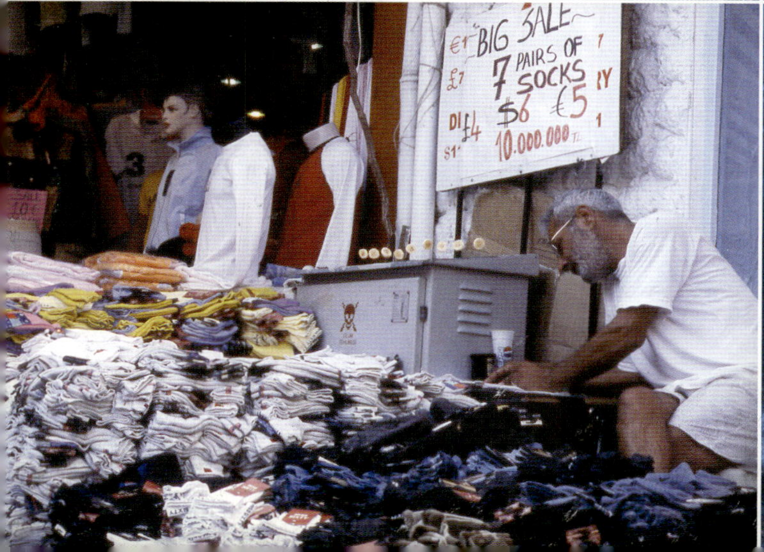
BIG SALE
7 PAIRS OF SOCKS
$6 €5
£4
10.000.000 TL

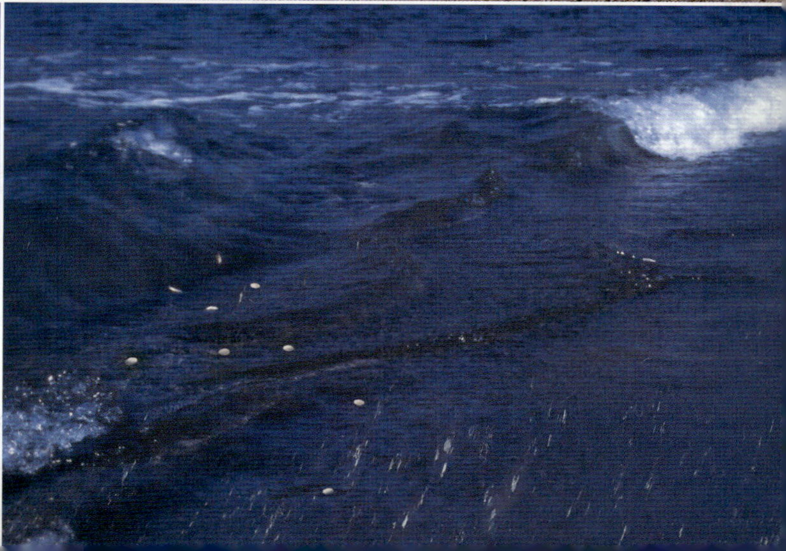

OKTOBER

OP VISITE BIJ OPA EN OMA

1 'TUF, TUF, TUF...' VADER RIJDT DE AUTO DE GARAGE UIT.

2 VANDAAG GAAN WE NAAR OPA EN OMA. DAAR IS HET FIJN!

3 'HALLO OPA, HOE MAAKT U HET VANDAAG?'

4 GROOTVADER GLUNDERT. 'GA JIJ MAAR EENS IN DE KEUKEN KIJKEN!'

5 WAT EEN LIEF POESJE, MET HAARTJES BONT EN FIJN,

6 ZO MOOI, ZO GLAD, ZO KEURIG, ALS MAAR WEINIG POESJES ZIJN!

7 BEHOEDZAAM VEEGT RIKKIE DE OOGJES SCHOON MET EEN WATTENSTAAFJE.

8 BRAVO KEREL, JIJ BENT EEN ECHTE DIERENVRIEND!

9 'WAAROM NEMEN JULLIE DIT KATJE NIET FIJN MEE NAAR HUIS?'

10 DE KINDEREN JUBELEN VAN PRET. 'JOEPIE, REUZEAARDIG!'

11 'EEN BEHOUDEN THUISKOMST EN EEN SPOEDIG WEERZIEN.'

12 'EN GOED VOOR HET POESJE ZORGEN, HOOR!'

13 'DAAR KUNT U VANOP AAN, OMA!' DE KINDEREN WUIVEN.

14 HEUS, DIE GROOTOUDERS VAN ONS ZIJN ECHTE SCHATTEN!

WAT WIL JIJ HET LIEFST ALS HUISDIER...

NEGENENDERTIG BEREN?

EEN POESJE?

DRIE KLEINE BIGGETJES?

NEGEN MUIZEN?

ACHT VOSJES?

NEGENTIEN KABOUTERS?

ZESTIEN EEKHOORNTJES?

ZEVENENTWINTIG ZWANEN?

OF VIERENVEERTIG MIEREN?

ROBOTKAT

ZOMAAR EEN DAG - AFLEVERING 3
BIJ IS NOG STEEDS VERLIEFD

zucht

EINDE

DE GROTE DIEREN IMITATIE SHOW
FINALE: 2 KANDIDATEN - LAATSTE OPGAVE

★★★ IN DE VORIGE AFLEVERING ★★★

- kandidaat 1 an — fwiet
- kandidaat 4 loes
- kandidaat 5 bas — knor
- kandidaat 6 lot — fwiet
- kandidaat 7 wim

- hallo dames en heren, jongens en meisjes, fijn dat u weer bent afgestemd op -

★★★ DE GROTE DIEREN IMITATIE SHOW ★★★

de twee laureaten van de voorrondes nemen het
in de finale voor een laatste keer tegen elkaar op

--- met een nieuwe opgave ---

IMITEER HET GELUID VAN EEN VARKENTJE

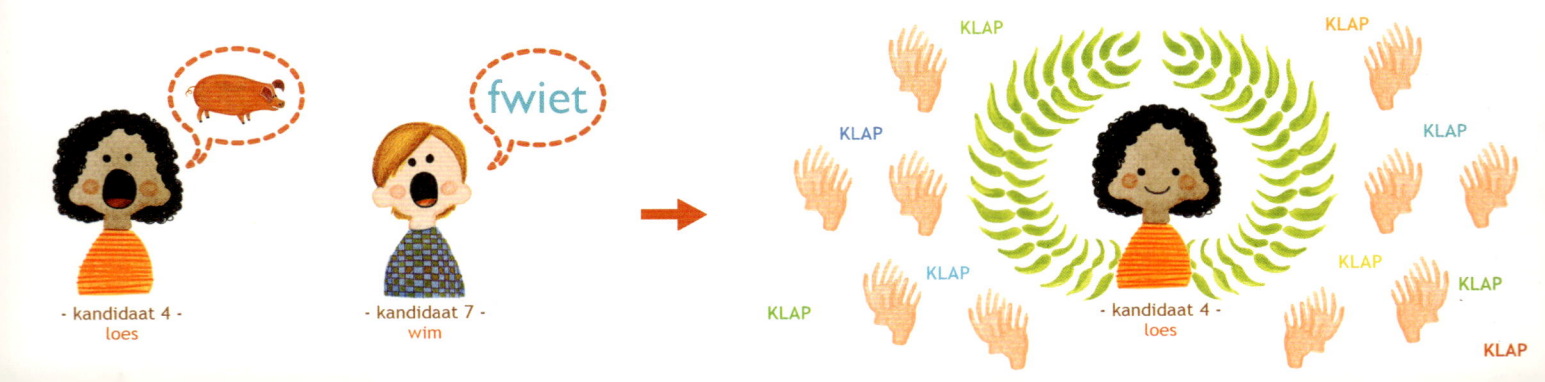

- kandidaat 4 - loes

- kandidaat 7 - wim — fwiet

→ KLAP KLAP KLAP KLAP KLAP KLAP KLAP KLAP

- kandidaat 4 - loes

NOVEMBER

WINTERTENEN OP HET STRAND

1 VADER GLIJDT IN ZIJN GELE GUMMIELAARZEN.

2 'WAT EEN HEERLIJKE DAG OM TE WANDELEN, NIETWAAR, MOEKE?'

3 DE ZON BLINKT IN DE ZEE ALS EEN GROOT BLAD ZILVERPAPIER.

4 HE MIEKE, WAAR IS DIE BROER VAN JOU GEBLEVEN?

5 'OM HET EERST! EEN, TWEE, DRIE DAAR GAAN WE!'

6 RIKKIE GEEFT DE BAL EEN FLINKE TRAP. MOOI IS DAT!

7 KIJK FLUFFIE EENS! DIE DEKSELSE HOND IS DOOR HET DOLLE HEEN.

8 'BRAVO, VADER! DAT WAS NOG EENS EEN PRACHTIG SCHOT!'

9 WAT EEN PRET! RIKKIE EN MIEKE RUSTEN EVEN UIT.

10 'DAT WAS FIJN', HIJGEN DE KINDEREN. 'HE, IK HEB EEN IDEE!'

11 RIKKIE SCHRIJFT DE NAAM VAN ZIJN VRIEND IN HET HARDE ZAND.

12 DAAR IS FLUFFIE WEER! 'IEMAND ZIN IN EEN PARTIJTJE VOETBAL?'

13 VOORUIT MIEKE, WAT SCHEELT ER NOU? JIJ BENT AAN DE BEURT.

14 'BRRR, IK RIL VAN DE KOU!' GAUW TERUG NAAR HUIS TOE.

VOORBEELD: FRIETJES, HAMBURGER, SALADE EN MAYONAISE

1. KIES EEN SOEPJE

2. STEL UIT DEZE GERECHTEN JE EIGEN MAALTIJD SAMEN. SMAKELIJK!

TOMATENSOEP	WORTELSOEP	FRIETJES	APPELMOES	SALADE	SCHIJFJE CITROEN	WORST	MAYONAISE
PAPRIKASOEP	SPINAZIESOEP	KROKETTEN	WORTELTJES	SPRUITJES	ANANAS	HAMBURGER	STUKJE KAAS
MOSTERDSOEP	ERWTENSOEP	AARDAPPELTJES	SPINAZIE	KOEKJES	BOONTJES	BIEFSTUK	VISSTICKS
PREISOEP	ASPERGESOEP	PUREE	BLOEMKOOL	RODE KOOL	ERWTJES	BROCHETTE	KABELJAUW
KIPPENSOEP	BONENSOEP	RIJST	KOMKOMMER	RABARBER	RADIJSJES	KIP	ZALM
KREEFTENSOEP	LINZENSOEP	SPAGHETTI	TOMAAT	CHAMPIGNONS	PAPRIKA	EITJE	GARNALEN

DECEMBER

SINTERKLAAS GOEDHEILIG MAN

1 DE KINDEREN TUREN DOOR HET RAAM VAN DE SPEELGOEDBAZAAR.

2 HUN OGEN DANSEN DE ETALAGE ROND EN VERRUKT SLAKEN ZE KREETJES.

3 THUIS PENT ELSJE VOL IJVER HAAR SINTERKLAASBRIEF NEER:

4 'EEN GITAAR, EEN LAPPENPOP, EEN VOETBAL EN EEN PADDESTOELHUIS!'

5 RIKKIE TEKENT EEN CIRCUSTENT IN FELLE VILTSTIFTKLEUREN.

6 MIEKE KNIPT EN PLAKT HAAR LIJSTJE SAMEN UIT DE SPEELGOEDBOEKJES.

7 DE KINDEREN STOPPEN HUN VERLANGLIJSTJES IN EEN GOUDKLEURIGE ENVELOPPE.

8 GRAAG AAN SINTERKLAAS, STOOMBOOTSTRAAT 10, IN HET ZONNIGE SPANJE!

9 DE BRIEVEN PLOFFEN ZACHT NEER IN DE POSTBUS.

10 'EN NOU FLINK SLAPEN, RIKKIE. IMMERS, VANNACHT KOMT DE SINT OP BEZOEK!'

11 ONZE KLEINE SCHAVUIT VALT ALS EEN BLOK IN SLAAP.

12 HE, DAT IS NOU EENS WAT JE NOEMT EEN LEUKE DROOM!

13 HOPELIJK KRIJG JIJ MORGEN ALLES WAT JE HARTJE WENSEN KAN!

14 BENEDEN WEERKLINKT HET GETIK VAN PAARDENHOEVEN OP DE KEUKENVLOER...

DECEMBER

15
- 6 DECEMBER -
DE GURE WINTERKOU
STRIJKT LANGS HET RAAM.

16
BINNEN IS HET LEKKER
WARM. VADER LIET DEZE
NACHT DE KACHEL AAN.

17
HET IS NOG HEEL VROEG, EN
TOCH TRIPPELEN VOETJES
OPGEWONDEN DE TRAP AF.

18
DE WOONKAMER IS
BEDOLVEN ONDER EEN DIKKE
LAAG SPEELGOED.

19
EN AL DAT LEKKERS: EEN
MANDARIJN, WAT KOEKJES
EN EEN HARDE NOOT!

20
HOERA! ELSJE KREEG
ALLES WAT OP HAAR
VERLANGLIJSTJE STOND.

21
EN VOOR RIKKIE NAM
DE SINT DIT PRACHTIG
SPEELGOEDCIRCUS MEE!

22
TWEE WILDE LEEUWEN
SPRINGEN DOOR EEN
BRANDENDE HOEPEL.

23
EN EEN BANDJE SPEELT
DE VROLIJKSTE WIJSJES:
'TA-DA-BOEPIEDOE-POE!'

24
OOK KLEINE ZUS WERD
NIET OVER HET HOOFD
GEZIEN VANDAAG...

25
IMMERS, ZIJ KREEG DEZE
XYLOFOON EN EEN GROTE
DOOS VOL BOUWSTENEN!

26
'MAAR NU EERST AANKLEDEN,
KINDEREN. HET SPEELGOED
LOOPT HEUS NIET WEG!'

27
WAT EEN PRET! RIKKIE,
ELSJE EN MIEKE BLIJVEN DE
HELE DAG BINNEN SPELEN.

28
'BEDANKT LIEVE SINT,
OOK DIT JAAR ZULLEN
WIJ BRAAF ZIJN!'

EINDE
MOOI ZO.
MOEDER IS TROTS OP
HAAR BENGELS!

Aan de familie Mandarijn - Koelkast - Groot en Krakend Herenhuis - Midden in de Stad

Lieve vrienden, warme groeten uit Turkije! De zon schittert, ze lijkt wel een bol van goud.
Aan allen in de koelkast een gelukkig en vreugdevol nieuwjaar.
We missen jullie. Tot over enkele maanden! Negen Schijfjes Banaan x x x x x x x x

januari
februari
maart
april
mei
juni
juli
augustus
september
oktober
november
december